L 27
Ln 19404.

NOTICE

SUR

M. LE BARON TAYLOR

ET SUR

LES TABLEAUX ESPAGNOLS

ACHETÉS PAR LUI

D'APRÈS LES ORDRES DU ROI.

IMPRIMERIE DE Mme Ve POUSSIN,
ruc et hôtcl Mignon, n° 2.

NOTICE

SUR

M. LE BARON TAYLOR

ET SUR

LES TABLEAUX ESPAGNOLS

ACHETÉS PAR LUI

D'APRÈS LES ORDRES DU ROI.

Paris.

CHEZ ÉDOUARD PANNIER,

ÉDITEUR DU MUSÉE D'ARTILLERIE ESPAGNOL,

RUE DE SEINE SAINT-GERMAIN, N° 23.

—

1837

NOTICE

SUR

M. LE BARON TAYLOR

ET SUR

LES TABLEAUX ESPAGNOLS

ACHETÉS PAR LUI

D'APRÈS LES ORDRES DU ROI.

Deux voies s'offrent à l'artiste au début de son saint pèlerinage à travers les sentiers du monde. L'une, celle qui séduit le grand nombre, est une voie d'éclat et de bruit, semée de gloire et de tempêtes; l'ambition s'allume à son entrée; le sang bouillonne, le cœur palpite, la tête fermente, et, du seuil élevé qui la domine, l'homme qui va se précipiter dans cette rude mais brillante carrière se livre par avance à tous les enivrements du triomphe. C'est que, poëte, peintre ou musicien, cet homme recueillera sur sa route les applaudissements et les admirations de la foule ; c'est que, non content d'être le roi du ciel, de disposer à son gré des terres et des mers, il aura, semblable à un dieu, ses croyants, ses autels, ses martyrs, ses sacrifices.

Dans cette voie il entre beaucoup d'appelés, mais peu d'élus. Sa brillante perspective n'est le plus souvent qu'un mirage trompeur : les délicieuses oasis qui apparaissaient de loin au milieu du désert se changent en un sol aride, et la plupart des inprudents qui espéraient en elles meurent avant d'avoir atteint le lieu de repos de la caravane.

L'autre voie, où n'entrent que les cœurs vraiment épris de l'art, est une voie de solitude et d'abnégation. Celui qui l'embrasse, oublieux de sa renommée, ne se préoccupe que des intérêts de cet art, qui est son culte : il travaille incessamment à préserver le passé de sa ruine, il arrache à l'oubli les chefs-d'œuvre ignorés, il étudie ce qui fut pour agrandir ce qui sera, il venge du dédain des siècles les merveilles dont les siècles n'ont pas compris la beauté.

Cette mission, toute de dévoûment, est moins attrayante, moins productive, moins éclatante que la première. Incomprise et souvent ignorée des masses, elle n'a pour elle que le nombre toujours très-restreint des hommes de science ou de poésie; mais elle profite à tous, et le vulgaire, qui l'a méconnue d'abord parce qu'elle n'était pas bruyante, finit toujours par reconnaître ses bienfaits. C'est dans cette voie d'art positif qu'est généreusement entré M. le baron Taylor avec une science qui défie la critique, avec un dévoûment que le doute ne peut atteindre ; car M. Taylor est un de ces hommes rares comme il en faut aux royautés qui commencent ou aux royautés qui finissent, lorsque, fidèles à leur mission, à leur origine, elles veulent léguer de grandes choses à l'avenir. Aussi la vie de M. Taylor n'est-elle qu'une succession de luttes courageuses et intrépides contre tout ce qui est envieux, inintelligent et mesquin, en faveur de tout ce qui est grand, noble et beau ; c'est une vie d'études et de travaux, dont la gloire de la France et les progrès de l'art ont toujours été le mobile unique. Je n'en veux pour preuve que la courte et bien incomplète esquisse que je vais tracer ici.

Nous autres jeunes gens qui datons d'hier et dont les plus anciens souvenirs sont à peine d'aujourd'hui, nous ignorons que dès l'âge de vingt ans M. Taylor donnait aux journaux de son époque des articles de critique d'art et de littérature, mais tous nos doyens littéraires s'en souviennent. Les vieux habitués de nos théâtres n'ont pas oublié non plus le brillant succès de *Bertram*, drame signé de deux noms amis, Taylor et Nodier, et du dernier desquels je dirais ici volontiers pour mon compte ce que Voltaire (pardonne-moi, grande ombre!) écrivit un jour de Rabelais : « Je me repens d'avoir dit autrefois trop de mal de lui. » Depuis, ces deux noms se sont associés pour une œuvre glorieuse (les *Voyages pittoresques dans l'ancienne France*), et les éloquentes pages que M. Taylor y a écrites ont prouvé qu'il aurait pu s'il l'eût voulu se contenter d'être un de nos premiers écrivains.

Mais cette vie plus douce, cette gloire plus personnelle n'ont pas trouvé dans son âme assez de calme et de quiétude pour se faire accepter : il fallait à ce cœur ardent, à cette tête de feu des travaux dont l'intérêt de l'art et la gloire du pays eussent la part la plus large.

M. Taylor avait d'ailleurs, bien jeune encore, entrevu une vérité lumineuse, qu'il voulait saisir sous toutes ses faces afin de la présenter dans tous les sens. Cette vérité était splendide pour la France, à laquelle elle devait assurer enfin une renommée monumentale trop longtemps contestée par l'ignorance et la partialité : c'était assez pour qu'il lui donnât toute son existence ; sa propagation devait être l'œuvre de sa vie et l'éclat de son nom.

Le lecteur a déjà compris que nous voulons parler de ce véritable musée des monuments de la patrie que nous nommions tout à l'heure, et où l'art des temps intermédiaires a reconquis la place qui lui est due dans l'admiration des hommes.

Cette révélation soudaine, qui vint d'inspiration à M. le baron Taylor comme il en vient à toutes les intelligences élevées, décida de la direction de sa vie.

Ce ne fut plus assez pour lui en effet d'avoir étudié l'art dans les livres, les ateliers et les écoles; il fallut encore le contempler face à face dans ses créations, en suivre l'histoire dans toutes les contrées, le découvrir parmi les informes débris de toutes les ruines, lui arracher son dernier mot dans toutes les civilisations.

L'infatigable voyageur se mit à l'œuvre. Au milieu des splendeurs de l'empire il commença silencieusement, malgré le bruit des armes, son pacifique pèlerinage de poëte et d'antiquaire, d'artiste et de philosophe.

Ce fut dans ce but que la mystérieuse Allemagne le compta en 1811 au rang de ses explorateurs, et qu'elle lui dévoila de nouveau ses secrets merveilleux d'architecture et de peinture en 1816 et en 1825.

L'Italie, cette terre des poëtes, lui ouvrit aussi ses musées, ses églises, ses palais, une première fois en 1812, une seconde en 1824, et toujours elle revit M. le baron Taylor animé d'une activité dévorante et d'un zèle que rien ne lasse.

Les cathédrales de la brumeuse Angleterre et de la pittoresque Écosse se montrèrent à ce grand

voyageur dans toute leur sombre majesté en 1819.
L'année suivante il interrogeait par-delà les Pyrénées,
dans la patrie du Cid, les vestiges de la puissance des
Maures; et, après avoir parcouru longtemps avec un
crayon le sol de la Péninsule, il y retourna en 1823
avec une épée; car l'armée a longtemps compté parmi
ses officiers les plus instruits celui que la France ré-
clame aujourd'hui comme un artiste.

Après la campagne de 1823 M. Taylor s'en alla
visiter les sables brûlants de l'Afrique, et chercher
sur sa rive déserte l'ombre de Carthage déchue.
Il était alors à la veille d'entreprendre son troi-
sième voyage d'Allemagne, de Belgique et de Hollande.

Au retour de cette dernière excursion, commencée
dans la patrie du mysticisme et terminée dans le
pays de l'industrie, il fut nommé commissaire du
Roi près du Théâtre-Français. L'année 1825 allait
finir.

L'art, à cette époque, réclamait au théâtre un
homme qui le comprît et se constituât son champion :
une école qui n'a pas encore accompli toutes ses
promesses, mais à laquelle appartient peut-être
l'avenir, allait se présenter aux portes du sanctuaire.
Dieu sait quelle tyrannie gouverne cette république
des lettres où la liberté pourtant devrait régner de
plein droit; mais heureusement pour *Henri III*, qui

a ouvert la brèche, M. Taylor a toujours été l'un des prosélytes les plus ardents et les plus efficaces de cette liberté littéraire qui permet à chaque poëte d'arborer son drapeau, et ne reconnaît d'autre juge des œuvres du génie que le public, le parterre, le peuple. Cette liberté-là, M. le baron Taylor l'a constamment servie avec courage contre l'inintelligence et la partialité. La lutte a été longue; elle a honoré l'ancien directeur du Théâtre-Français de beaucoup de haines, d'ingratitudes et de jalousies. Il a fallu pour introniser la liberté littéraire dans l'arche que M. Taylor soutînt des luttes cruelles ; mais enfin, grâce à Dieu, le combat est fini ; à présent la liberté règne : c'est à M. le baron Taylor qu'elle doit sa victoire. Un jour pourtant les jalousies, les haines, les ingratitudes l'emportèrent sur l'art et le dévoûment : M. le baron Taylor s'enveloppa dans son manteau et laissa passer l'intrigue.

C'est alors que son ardente imagination regarda la vieille terre d'Égypte où s'élèvent, tombeaux gigantesques, les mausolées des Rhamsès et des Sésostris, et sur laquelle son patriotisme lui désignait deux monuments antiques à conquérir au profit de notre gloire moderne. La France était pauvre de ces trophées contemporains des nations primitives du globe; et, tandis que Rome en étale dix-sept sur ses places publiques, Arles seule chez nous, cette Italie des Gaules, cette Rome de la Narbonnaise, en montre un dont Constantin lui fit présent. La supériorité de la ville éternelle troublait le repos de l'aventureux artiste : il écrivit à M. le vicomte de Martignac, ministre de l'intérieur, une lettre qui restera comme un de ses meilleurs titres à la reconnaissance publique ; cette lettre la voici :

« Monseigneur, les drapeaux victorieux de la France
« ont vu toutes les parties du monde, et partout où ils
« ont flotté ils ont montré aux peuples que les Fran-
« çais avaient transporté sur la terre étrangère les
« bienfaits de la civilisation de leur patrie. Pour sou-
« venir des victoires de nos armes, des étendards
« étaient appendus aux voûtes de nos églises : ces tro-
« phées ont disparu. Ne serait-il pas glorieux d'élever
« des monuments qui rappelleraient les batailles qui
« en avaient doté la France? Les campagnes des Fran-
« çais en Égypte, si glorieuses et si poétiques, éga-
« lent les hauts faits des croisades, et cependant pas
« une pierre ne consacre à Paris les souvenirs de
« cette gloire !

« Bossuet a dit que la puissance romaine, désespé-
« rant d'égaler les Égyptiens, a cru faire assez pour
« sa grandeur en leur empruntant les obélisques de
« leurs rois.

« La France, qui a égalé les Égyptiens et les
« Romains dans la guerre, devrait peut-être consacrer

« ses triomphes en Orient par un de ces monuments
« dont l'Égypte et Rome sont encore si riches. Un
« ouvrage, qui est aussi une gloire pour notre pays,
« nous indique qu'il existe à Louqsor, sous les ruines
« de Thèbes, deux obélisques qu'il serait possible de
« transporter à Paris, et qui orneraient admirable-
« ment une ou deux de nos places publiques, en
« même temps qu'ils signaleraient par de nouveaux
« témoignages le triomphe de nos armes et la supé-
« riorité de nos sciences. Si Votre Excellence daigne
« accorder quelque attention à ce projet, je la prie de
« vouloir bien me donner un moment d'audience. »

Le ministre s'empressa d'accorder l'audience de-
mandée; mais en véritable ministre constitutionnel,
c'est-à-dire que les grandes choses effraient, il parut
douter du succès de l'entreprise. On ne pouvait d'ailleurs, disait-il, allouer des fonds pour cet objet que
lorsque les lieux auraient été visités, les distances
mesurées, les dépenses calculées.

M. le baron Taylor, qui ne recule jamais devant
un sacrifice réclamé par le sentiment de la nationa-
lité, s'offrit à faire à ses frais cette exploration première : le ministre accepta.

M. le baron Taylor se prépara donc à quitter de
nouveau la France. Parti le 25 mai 1828 sur la cor-
vette *la Diligente*, il entrait dans Alexandrie le 19 juin,
passait le 30 au pied des minarets du Caire, et le

17 juillet arrivait à Thèbes. Entre le Caire et Thèbes son dromadaire s'abattit, et dans sa chute blessa au pied l'envoyé du roi de France : l'Arabe qui accompagnait M. Taylor l'attacha sur la selle, et tout fut dit ; la course glorieuse de l'artiste fut à peine interrompue.

Après avoir examiné les lieux M. Taylor revint en France, assuré que l'obélisque arriverait sans péril sur la rive du Nil, et plein de confiance dans la réussite de ses desseins. Mais en France les choses marchent vite et les hommes passent rapidement : le ministère de l'arrivée n'était plus celui du départ ; dans ce revirement de la politique on avait oublié les obélisques de Thèbes et le voyageur d'Orient.

Le fruit du pèlerinage cependant n'était pas tout à fait perdu : M. le baron Taylor avait ajouté sa trace aux traces poétiques d'illustres voyageurs ; comme eux il avait vu l'herbe de la solitude percer le marbre des monuments tombés d'Athènes, de Corinthe et d'Argos ; comme eux il avait foulé sous ses pieds le sol célèbre de Sparte, de Mitylène, et du cap Sunium encore tout imprégné du souvenir de Platon ; comme eux il avait jeté un regard attendri sur ces mers éternellement bleues où combattit Thémistocle, sur ces montagnes qui se nomment encore et l'Hymète et l'Athos, sur ces champs désolés et stériles où fleurit éternellement le laurier d'Épaminondas : c'est vous dire que le trésor de la science s'était enrichi d'études nouvelles.

De retour en France, M. Taylor, en attendant des jours meilleurs, se remit tranquillement à parcourir le beau pays dont il recueillait déjà depuis longtemps et les ruines et l'histoire. Or n'est-ce pas, je vous le demande, une chose merveilleuse que ce voyage qui dure depuis vingt ans et que rien ne peut interrompre, ni les révolutions de cour, ni les révolutions de bourgeoisie? Tantôt c'est la Normandie qui est explorée, décrite, dessinée; tantôt c'est le Languedoc dont les monuments, les héros et les malheurs sont à jamais consacrés et reconstruits; la Franche-Comté, l'Auvergne, la Picardie, la Bretagne, la Provence sont tout étonnées de se voir franchement admirées par un Français qui comprend enfin ce qu'elles ont de pittoresque, de grandiose et d'original, bien qu'elles ne soient point hors de son pays.

Cependant des jours meilleurs se levèrent : après une année d'attente, le 19 novembre 1829, M. le comte Alexandre de Laborde, membre de la Chambre des députés, M. Drovetti, ancien consul-général de France en Égypte, M. le baron de Livron, maréchal-de-camp au service du pacha, M. le baron Mackau, contre-amiral, M. le baron Tupinier, conseiller d'état, se réunirent au ministère de la marine avec M. le baron Taylor, et s'entendirent sur les moyens de transport qu'on pouvait employer pour amener en France les deux obélisques de Thèbes. M. Bresson, ancien officier de la marine française actuellement au service du roi d'Égypte, avait proposé de construire sur les lieux mêmes, avec des sapins de la Caramanie, deux énormes radeaux qui, au moyen d'un remorqueur, auraient servi à faire flotter chacun des deux obélisques, d'abord sur le Nil pour les amener jusqu'à la mer, et ensuite sur la Méditerranée et l'Océan jusqu'au Havre : ce plan ne fut pas adopté. On résolut de construire une allége qui devait faire voile pour Alexandrie, profiter de la crue du Nil, remonter le fleuve jusqu'à Thèbes, et, lors du retrait des eaux, échouer le plus près possible de l'obélisque, qu'on voulait introduire dans sa carène au moyen d'une ouverture pratiquée à son avant. Il devait rester là jusqu'à la crue nouvelle, et, soulevé par elle, se retrouver à flot sans effort, descendre le cours du Nil, franchir le Boggose, entrer dans la Méditerranée, traverser le détroit de Gibraltar, fendre l'Océan, et saluer le Havre avant de remonter la Seine jusqu'à Paris.

Le 11 janvier 1830 M. le baron Taylor reçut copie de l'ordonnance suivante :

« Sur le rapport de notre ministre secrétaire d'état de la marine et des colonies, nous avons ordonné et ordonnons ce qui suit :

« Art. 1er. Le sieur baron Taylor sera envoyé comme commissaire du Roi auprès du pacha d'É-gypte, pour négocier la cession des obélisques de Thèbes, et pour faire transporter en France l'obé-lisque d'Alexandrie.

« Art. 2. Les frais relatifs à cette mission et au transport de ces monuments seront faits par le ministère de la marine et portés au compte de ce département.

« Art. 3. Notre ministre secrétaire d'état au département de la marine et des colonies est chargé de l'exécution de la présente ordonnance.

« Donné à Paris, en notre château des Tuileries, le sixième jour du mois de janvier 1830, et de notre règne le sixième.

« *Signé* CHARLES. »

M. le baron Taylor, après avoir reçu les ordres du ministre de la marine, M. d'Haussez, et s'être concerté avec le préfet maritime de Toulon pour tous les apprêts de transport, partit pour la ville d'Alexandrie, emmenant avec lui MM. Dauzats, Meyer et Valette.

La première conquête que M. le baron Taylor opéra au profit de la France eut lieu en Sicile : il fit mouler à Palerme les métopes du temple de Sélinonte, fragments de la première école grecque antérieurs de beaucoup à l'ère chrétienne. Ainsi, avant d'avoir atteint le but du voyage, un grand service était déjà rendu à la science.

Quand M. le baron Taylor et ses compagnons arrivèrent à Alexandrie le pacha d'Égypte était absent : Ibrahim reçut la première visite de la caravane, qu'accompagnait M. de Mimaut, notre consul sur cette terre étrangère.

L'envoyé du roi de France offrit au prince, au nom de son souverain, des armures de colonels de cuirassiers et de carabiniers, des fusils de chasse et des pistolets de combat.

Cette première entrevue a quelque chose de piquant et de bizarre aux yeux des Occidentaux, dont les mœurs sont si éloignées des mœurs de l'Orient.

La salle où fut admis M. le baron Taylor n'avait d'autre parure qu'un énorme divan circulaire et un immense jet d'eau. Ibrahim était placé dans l'angle le plus obscur de la salle. M. le baron Taylor s'assit à sa droite, M. de Mimaut à sa gauche, leurs compagnons suivant leur fantaisie. Aussitôt, sur un signe d'Ibrahim, les esclaves apportèrent de longues pipes allumées, et chacun fuma sans avoir encore prononcé une seule parole. Quand les pipes furent vides on servit le café, cérémonie qui constitue les grands honneurs de la cour du pacha.

La négociation, singulièrement aidée par la science

que l'envoyé du roi de France avait acquise dans son précédent voyage, une fois terminée, M. le baron Taylor reprit son bâton d'artiste et de pèlerin.

Ce fut alors le tour de la Syrie, de la Palestine, de la Judée, le tour de la Nubie et de l'Asie-Mineure. La pieuse caravane s'en allait couchant tantôt sous des tentes dans le désert durant que le simoun mugissait à l'horizon , tantôt à l'abri des palmiers qui avaient servi jusque-là de retraite aux chacals, ou bien au sommet de la tour de Jéricho, recueillant comme elle pouvait les ruines grecques et romaines de cette contrée, ramassant partout les débris des antiques civilisations mortes avec les peuples du vieux monde pour en orner les musées de la jeune Europe, re-construisant les cités évanouies et les monuments tombés avec le crayon du peintre, pour en composer une riche collection de dessins que la gravure a re-produits et qu'accompagne un texte intéressant *.

Après avoir demandé aux sables de la solitude la trace de Palmyre, cette reine du désert, après avoir médité sur les ruines de Balbeck, M. le baron Taylor embarqua toutes ses richesses à Tripoli, revit Alexan-drie en passant, et rapporta le consentement du vice-

---

* Cette publication, presque achevée, embrasse dans son cadre l'É-gypte, la Syrie, la Palestine et la Judée : elle présente des tableaux variés et pittoresques. Aucun livre ne rappelle de plus grands souvenirs et des lieux plus sacrés.

roi d'Égypte à l'enlèvement des obélisques de Louqsor.
Sur le crédit que lui avait ouvert le ministre de la
marine il n'avait dépensé que dix-sept mille francs
pour tous frais de voyage de trois artistes, dont
l'un d'eux représentait le roi d'une grande nation;
les quatre-vingt trois mille autres francs furent dé-
posés au Trésor avec le rapport de l'expédition. Le
18 mai 1831 M. Taylor reçut du ministre de la marine
et des colonies la réponse qu'il ambitionnait, et que
voici :

« Monsieur le baron, j'ai lu avec beaucoup d'in-
« térêt le rapport que vous avez adressé à mon pré-
« décesseur sur la mission que vous avez remplie en
« Égypte. Les détails contenus dans ce rapport et
« ceux que j'ai trouvés dans votre correspondance
« m'ont fait connaître à la fois les difficultés que vous
« avez eu à surmonter et le zèle éclairé avec le-
« quel vous vous êtes attaché à assurer à la France la
« possession des deux obélisques de Thèbes que vous
« étiez chargé de demander au vice-roi. Vous n'avez
« pas borné là vos soins, et, répondant aux intentions
« qui vous avaient été exprimées avant votre dé-
« part, vous avez saisi toutes les occasions de re-
« cueillir pour nos musées des richesses précieuses;
« et pour tous ces services rendus à l'art vous n'avez
« voulu accepter aucun prix, aucune rétribution, au-
« cun dédommagement; et vous avez eu raison : une

« seule chose est digne de payer de pareils services,
« c'est la reconnaissance du pays auquel on les a
« rendus. »

A la même époque M. le baron Taylor redoublait de zèle pour soutenir le Théâtre-Français, que des événements malheureux avaient mis sur les bords du précipice, et si ce qu'a dit Alexandre Dumas est vrai, il aurait fait payer par son banquier soixante mille francs que devait la Comédie.

Ce fut alors que le roi Louis-Philippe conçut le projet d'enrichir notre musée d'une collection de tableaux espagnols. Comme voyageur, comme artiste, comme diplomate, M. le baron Taylor était sans contredit l'envoyé le plus apte à une réussite que le roi de France pût choisir lorsque le roi de France eut la noble pensée de combler un grand vide dans notre musée du Louvre.

L'Espagne, ses arts et ses richesses étaient en effet connus de lui. Les tableaux, les sculptures, les monuments, les trésors littéraires de la Péninsule, il avait tout examiné de près et depuis longtemps ; il savait par avance où rencontrer chaque chose. Aussi la mission nouvelle que lui confia le roi vint-elle combler tous ses vœux, et la pensée que des lumières nouvelles allaient, grâce à lui, éclairer un point encore obscur de l'horizon des arts fit battre de joie son cœur. Cette mission le surprit au milieu des répétitions de *Don Juan d'Autriche*. Il demanda seulement d'assister au triomphe de M. Delavigne, et partit. Cette fois l'entreprise offrait des périls imminents et de grandes difficultés. La guerre civile déchirait et déchire encore la malheureuse patrie des Murillo, des Velasquez, des Ribera, des Zurbaran. Ici grondait l'émeute, là l'insurrection : arrachés au pillage de la populace, les chefs-d'œuvre enfouis dans la poussière des cloîtres avaient encore, avant de franchir les Pyrénées, à redouter le sabre des bandits, et dans les gorges de la Navarre la brutalité des montagnards pouvait détruire ce que la flamme aurait épargné. Un seul fait donnera la mesure des peines infinies que M. le baron Taylor dut prendre pour préserver les trésors qu'il récoltait des malheurs de la guerre, et fera concevoir quels dangers ont menacé sa vie et sa liberté.

Suivi de quelques tableaux précieux, il se dirigeait sur Valence : il en était à peine à une demi-lieue lorsque son éclaireur accourt lui apprendre que le manteau rouge des partisans Cabrera flotte dans la plaine, et que l'inexorable capitaine des guérillas de la Navarre s'avance en personne. Les tableaux achetés pour le compte du roi de France eussent été de bonne prise pour le soldat de don Carlos, et le négociateur courait au moins le risque d'être fait prisonnier. Heureusement M. Taylor connaissait tous

les détours du pays : il fit aussitôt faire un circuit à
sa petite caravane, et se réfugia dans les montagnes,
où, sentinelle vigilante, il attendit près de ses tableaux
que la tempête andalouse eût passé. Lorsque Cabrera
fut arrivé à quelque distance de la ville, ayant à sa
gauche la caravane artistique, qu'il n'apercevait pas,
il s'arrêta : ses troupes venaient de découvrir un déta-
chement de l'armée de la reine. Un combat eut lieu.
Les insurgés restèrent maîtres du champ de bataille,
qui n'était qu'à un quart de lieue de Valence. Trente-
huit officiers de Christine, restés prisonniers, furent
attachés à des arbres et fusillés sur-le-champ aux
sons du clairon des insurgés. Cela se passait aux portes
d'une grande ville, qui ne s'en émut pas, et presque
sous les yeux d'un étranger que cette action et cette
inaction en pareille circonstance indignaient également
ment. L'holocauste terminé, Cabrera continua sa
route, et M. Taylor entra dans Valence, après avoir
fait un détour de plusieurs lieues pour éviter l'arrière-
garde des soldats de don Carlos.

Je reviens à mon sujet.

Malgré les effrayantes prévisions par lesquelles ses
amis effrayés essayèrent d'ébranler son courage,
M. le baron Taylor ne crut pas devoir hésiter un seul
instant à s'en aller jouer sa vie avec les balles de l'insurrection et les fureurs de l'émeute : ne s'agissait-il
pas de sauver des chefs-d'œuvre qui pouvaient périr à

tout jamais, d'enrichir la France d'une galerie de tableaux dont l'étude manquait à ses peintres? M. le baron Taylor partit donc, muni d'un million que donna généreusement et sans bruit pour cette mission le roi Louis-Philippe, au moment même où la calomnie s'acharnait avec le plus de force contre lui malgré le respect dû au trône.

Un secret si profond fut gardé que l'ambassadeur du roi de France aux arts d'Espagne s'embarquait à Londres avec MM. Dauzats et Blanchard, se rendant à Lisbonne, qu'on le croyait encore à Paris occupé de ses travaux journaliers.

Pendant dix-huit mois M. Taylor a parcouru l'Espagne dans tous les sens, visité tous les cloîtres et toutes les églises, couru sans relâche de Saint-Augustin de Séville, que Murillo avait fait sacré et que la révolution dévastait sans pitié, à Saint-Jérôme de Valence, dont elle brisait les tombeaux, les tableaux et les sculptures sans respect pour tous les grands maîtres qui y ont usé leur vie; — de Sainte-Catherine de Barcelone, dont la folie du peuple allumait l'incendie qui dévora ses Titien, à Poblet qui tombait en débris de flamme avec ses archives de Catalogne et d'Aragon; — de cathédrale en cathédrale, de monastère en monastère, sauvant partout de la destruction des objets d'art, toujours hardi, infatigable, couchant sur la terre pêle-mêle avec des soldats, et quelquefois sur les ruines des maisons incendiées par la guerre civile.

Jamais entreprise pareille ne fut couronnée de plus de succès, jamais exploration d'artiste ne fut plus productive. Velasquez, envoyé de Philippe IV en Italie dans un temps de paix où l'on pouvait tout, ne fut pas plus heureux. Aussi, à l'heure où je trace ces lignes, l'histoire tout entière de l'art espagnol est-elle écrite sur les toiles placées dans notre musée du Louvre. Je dis *tout entière,* car les trois écoles de Séville, de Valence et de Madrid y sont représentées par des œuvres de leurs plus grands maîtres.

Ces trois écoles ont entre elles en effet des différences trop notables, et qui tiennent trop à la constitution de l'art espagnol lui-même, pour qu'on pût passer une d'entre elles sous silence; il fallait nécessairement que chacune des trois eût au Louvre ses envoyés : chacune des trois les y a donc, et par centaines. Ce mot n'a rien d'exagéré : nous ne possédions jadis au Musée que *cinq* tableaux espagnols; la nouvelle galerie en contient près de *quatre cent cinquante.*

Je n'entrerai pas dans le détail des inappréciables richesses qu'offre la collection Taylor : le conquérant du musée espagnol fera sans doute lui-même quelque jour cette miraculeuse revue; sans doute il nous racontera plus tard, lui qui raconte si bien, la vie de tous les grands artistes dont il nous a rapporté les éblouissantes pages; et Dieu sait si ce sera une belle et sainte et surtout bien poétique histoire que celle de la peinture espagnole naissant à la veille du 14ᵉ siècle, au sein de la Vieille-Castille, avec Roderigo Esteban, et se mourant au 19ᵉ avec le Boileau de la peinture, ce virulent satirique moderne, Goya, l'émule du vénitien Tiepolo, qui, voulant peindre les ravages du temps, a osé lui placer en main, non plus cette fois la classique *faux tranchante,* mais bien, par une inconcevable hardiesse, un vieux balai fort usé. C'est encore le même artiste qui, voulant rendre d'un seul coup de pinceau l'invasion de la Péninsule par Bonaparte, plaça dans une petite toile, au-dessus des hautes montagnes, un aigle immense plus grand que les Pyrénées et dont les ailes étendues font, par le projètement seul de leur ombre, fuir au loin dans les campagnes tous les peuples espagnols.

En attendant que M. Taylor se décide à faire un livre avec ses tableaux, nous offrirons sur eux et sur la vie de quelques-uns de leurs auteurs des renseignements, fort incomplets sans doute, mais qui pourront donner l'idée de ce que, plus étendu, sera un pareil ouvrage. Nous dirons donc que l'existence des artistes espagnols a quelquefois tout l'intérêt du malheur et tout le merveilleux de la fiction. Prenons par exemple Alonzo Caño. En voilà un dont la jalousie, cette ardente passion toute africaine (car l'Espagne c'est l'Afrique), a fait la vie aventureuse et bien semée de hasards. Après avoir tué sa femme, Alonzo Caño erre de cloître en cloître, de cathédrale en cathédrale, suivant que le vent de l'adversité le pousse. Contraint de se dérober au terrible bras de la justice séculière, il demande asile aux moines et aux prieurs, ces hommes qui alors sont au-dessus de la justice des hommes puisqu'ils sont la justice de Dieu, et dont le toit s'ouvre comme un asile aux meurtriers par cela seul qu'il abrite le juste mis en croix pour l'humanité. Afin de payer la protection qu'on lui accorde Alonzo crée en courant des chefs-d'œuvre, et, d'une main criminelle qui aurait dû être tremblante, dote l'Espagne de pages fermes et sublimes.

D'Alonzo passons à un autre, à Theotocopuli, je suppose. Celui-là, ses derniers jours sont voués au malheur et marqués d'un signe fatal. Irrité contre ses contemporains, il s'affecta douloureusement de l'injuste arrêt d'ostracisme qu'ils semblaient porter contre ses œuvres, et le chagrin éteignit chez lui par intervalles ce lumineux flambeau de la raison dont l'anéantissement est celui même du génie. Mais sa fille, ange du ciel, lui prodigua les soins les plus touchants, et, dans les courtes trèves que la folie accordait à son père, elle formait sa consolation. C'est dans un de ces rapides instants qu'il peignit sa ravissante figure, qu'aujourd'hui le Louvre possède.

Murillo, lui aussi, ne fut pas toujours heureux. Il lutta longtemps d'abord contre l'obscurité. Parvenu ensuite à réunir du produit de ses premières œuvres une somme qu'il destinait à un voyage d'Italie, il se rendit à Madrid; mais, y ayant rencontré Velasquez, qui lui ouvrit les palais et les musées royaux, où les maîtres qu'il voulait aller étudier hors d'Espagne se trouvaient, il borna là son voyage et se forma à l'école du Titien, de Raphaël et de Rubens.

La fortune de Velasquez fut plus éclatante et plus soudaine. Recommandé au comte d'Olivarez, il se présenta au ministre, lui pauvre et inconnu, avec une simple lettre d'introduction. Sa bonne mine plut au favori de Philippe IV; il gagna sa bienveillance, exécuta son portrait, et bientôt devint le peintre du monarque lui-même. Chargé, lors du mariage de l'infante d'Espagne Marie-Thérèse avec Louis XIV, des préparatifs de l'entrevue qui eut lieu dans l'île des Faisans entre les deux souverains, il éclipsa tous les seigneurs de la cour par l'éclat de son costume et par la grâce de ses manières.

Voilà pour ce qui concerne la vie de quelques-uns de ces géants de la peinture espagnole.

Quant à leurs œuvres, elles ne sont ni moins surprenantes ni moins singulières que leur histoire.

Parmi les quatre cent cinquante tableaux achetés par M. le baron Taylor, il en est dont la possession, aux beaux temps de l'Italie, à ces époques où les plus grands des papes courbaient le front devant l'art, eût été disputée par des armées et gagnée par des batailles; plusieurs d'entre eux sont des chefs-d'œuvre valant à eux seuls le million qu'a coûté la galerie tout entière.

Dites-moi en effet si vous ne trouvez pas charmante de naïveté, comme elle est sublime d'exécution, cette page de Murillo, le plus chaud coloriste des Espagnes, où Marie, cette vierge-mère, cette mère de toutes les joies et de toutes les douleurs, Marie, cette reine des cieux faite femme, est représentée assise et occupée à prodiguer à son enfant quelques-uns de ces soins terrestres que les femmes accomplissent avec tant de résignation? Mais le sauveur des hommes, en véritable humain qu'il est, se débat et résiste à sa mère. Alors un ange descend du haut des cieux, se pose près du petit Jésus, et pour le distraire se prend à jouer du violon avec une *pochette* de maître de danse. L'enfant, surpris par la musique, s'arrête, regarde l'ange, retient ses cris, se calme, et laisse sa mère continuer sans obstacle son pieux ouvrage, ses soins touchants.

Cette toile a été payée cent trente mille francs à un

grand d'Espagne, qui en aurait obtenu trois fois plus s'il avait osé le demander ; et, sur ma parole, elle le valait : j'estime que nous l'avons eue pour rien.

Eh bien ! Murillo compte au Louvre trente autres toiles qui, si elles ne sont pas supérieures à celle-ci, ne restent cependant point au-dessous d'elle.

Il y a surtout un portrait de ce grand peintre, exécuté par lui-même, dont la perfection dépasse tout éloge. Ce n'est pas un tableau, ce n'est pas une toile, ce ne sont pas des couleurs : c'est un homme ; et cet homme, dont les yeux semblent jeter des éclairs en vous regardant , il vit, il pense, il est animé : vous avez devant vous Murillo.

Et le Saint Bonaventure donc ! Quel mort ! comme ce moine qui se relève de la tombe pour achever d'écrire son histoire est bien mort ! que c'est bien là une face, un corps, une main de cadavre ! et que cette lune, qui éclaire à peine ce squelette diaphane, est bien l'astre des tombeaux ! — La première fois que je vis ce tableau au Louvre il était encore comme beaucoup d'autres (presque tous pour ainsi dire) étendu par terre sur la dalle, et tellement obscurci de la fumée des cierges espagnols, tellement couvert de la poussière amassée en sa venue sur tous les grands chemins de la Castille, qu'il était bien difficile de pouvoir distinguer en lui autre chose qu'une couche de noir. Tout à coup M. le baron Taylor m'appela, et avec cette obligeance qui le caractérise trempant une éponge dans l'esprit de vin, il nettoya d'abord le front, puis les joues, puis le corps...... Je reculai épouvanté..... J'avais peur : je croyais toucher du doigt un des véritables représentants de la tombe.

Jusqu'ici nous ne connaissions Murillo en France que par une couleur et une manière uniformes : le Musée Taylor nous le révèle sous d'autres aspects. Le roi de la peinture espagnole est quelquefois autant éloigné de lui-même dans certaines pages que si ces pages étaient dues à différents maîtres. On peut juger par ce fait seul de la curieuse étude que sera pour nos artistes le nouveau musée. Comme preuve de cette assertion je citerai surtout *la Décollation de saint Rodrigue*, *l'Enfant prodigue avec ses haillons*, *le saint Félix de Cantalicio*, etc. Vous ne reconnaîtriez jamais dans ces pages, si belles pourtant, mais d'un autre ordre de beauté, l'auteur de tant de vierges qui auraient donné de la jalousie à Raphaël, cet homme divin qui avait entrevu le ciel.

J'aurais bien d'autres choses à dire de Murillo, dont le style demanderait à lui seul un examen approfondi; mais l'espace me manque ici, et je me sens trop à l'étroit pour essayer cette étude. Seulement, par quelle esquisse touchant les autres maîtres la remplacerai-je? duquel des autres vous parler maintenant? Ils sont là près de quatre-vingts qui appellent à la fois la critique et la défient. Quelques-uns même la narguent et se moquent d'elle : témoin Alonzo Caño, qui a placé près de son oreille un frelon, pour représenter sans doute quelques feuilletonnistes de son époque, ou quelque importun jugeur comme moi. Je me contenterai donc de vous donner quelques détails, non sur Ribera, dit *l'Espagnolet,* que tout le monde connaît, non sur Velasquez, qui devrait être plus connu, mais sur quelques peintres qui ne leur sont point inférieurs en mérite, et dont les noms pourtant sont à peine prononcés en France.

Le premier d'entre eux est Francisco Zurbaran, né en 1598, mort en 1262, et disciple de Jean de Roelas.

Zurbaran est un homme à part. Son pinceau n'est point comme celui de Murillo le pinceau des vierges célestes et des beaux enfants Jésus; loin de lui les saints du ciel et les divinités de la terre! il ne connaît ni la verdure, ni le soleil, ni la joie, ni les actions héroïques à éterniser sur la toile : ce qu'il lui faut, vive Dieu! ce sont des moines livrés à toutes les douleurs du cloître, à toutes les macérations du monastère, à tous les supplices qui peuvent déchirer des martyrs. Ici l'un deux meurt en croix comme saint Pierre, par humilité, la tête en bas; plus loin un autre a le ventre ouvert, et ses intestins, qui sortent de la plaie, sont roulés par un atroce raffinement de barbarie autour d'un cylindre que tourne un bourreau. Cela est vraiment horrible à voir, cela vous fait frissonner. Ce tableau de Zurbaran et *le Martyre de saint Bartolomé* par Ribera constituent vraiment bien l'Espagne dévote et monacale. C'est de la peinture de saint-office ou de grand-inquisiteur.

Le second dont je vous entretiendrai ne sera rien moins qu'Alonzo Caño, que ses ennemis même, et, ce qui est plus peut-être, que ses compatriotes surnommèrent *le Michel-Ange de l'Espagne* parce qu'il fut à la fois, comme l'immortel Buonarotti, un grand peintre, un grand sculpteur, un admirable architecte. Disciple de Pacheco pour la peinture, il n'eut pas pour la sculpture d'autre maître que lui-même; et, la protection du duc d'Olivarez lui ayant valu le titre de *maître des œuvres royales*, il dessina en cette qualité le plan de plusieurs palais. Le Musée Taylor possède de lui surtout une œuvre que je recommande à votre attention : c'est *l'Ane de Balaam arrêté par l'ange*. Dieu! quel âne! jamais les plaines de la Manche n'en verront naître un semblable; jamais le bon Sancho lui-même, qui pourtant s'y connaissait, n'eut un pareil compagnon. Cet âne-là n'est pas seulement vivant, il parle, croyez-moi bien...... ou du moins il a parlé.

Si je voulais vous entretenir, fût-ce même aussi

brièvement que je viens de le faire pour ceux qui précèdent, de chacun des autres maîtres espagnols qui sont au Louvre, je ne sais où cela nous entraînerait, car le nouveau musée, outre les tableaux des peintres que je viens de citer, contient de nombreuses pages signées de Carducho, de Carreno, des deux Coello, du divin Morales, de Louis de Tristan, de Francisco Camillo, de Ribalta, de Lucas Jordan, de Fernandez Navarette, de Luis de Vargas, de Lucas Leal, d'Orrente, de Herrera, de Blas del Prado, de Gallegos, de Ciezar, de Janez, d'Esteban Marck, etc., de près de quatre-vingts artistes enfin, la plupart fort remarquables, et presque tous aussi inconnus chez nous que s'ils étaient français.

Je m'arrête donc, et je termine en disant que la formation du Musée espagnol est une de ces idées vraiment belles et royales dont un monarque a droit d'être fier, et dont les artistes surtout doivent se montrer reconnaissants. Que le roi Louis Philippe, à qui en revient toute la gloire, complète maintenant son œuvre en adjoignant au nouveau musée quelques autres collections d'objets pris dans les différentes branches des arts espagnols ; que la même marche soit suivie chaque année progressivement, selon les ressources de la couronne, pour la peinture, la sculpture, etc. des nations européennes ; que de saints missionnaires des arts soient envoyés, comme Jacquemont le fut pour la science, jusqu'au fond de ces Indes qu'occupèrent, on ne sait durant combien de règnes, les successeurs d'Alexandre; qu'ils nous en rapportent des médailles, des vues de monuments antiques, des produits, étranges par leur forme ou surprenants par leur exécution, de ce qui constitue l'art moderne chez ces peuples; et quand cela sera exécuté, quand le roi aura employé à ces choses, qui feront son nom immortel, plus de trésors que La Bruyère n'en prêta jamais aux parvenus des royaumes de Zénobie, ces pâtres qu'avait enrichis le péage des rivières, que le roi essaie d'achever le Louvre. Alors, on peut le dire par avance et sans crainte d'être accusé de flatterie, Louis-Philippe sera plus qu'un grand monarque, il sera évidemment aux yeux de tous ce que les partis lui ont nié qu'il fût jusqu'ici, un roi généreux, civilisateur et artiste.

Je finis en signalant quelques-unes des acquisitions de M. le baron Taylor qui m'ont paru frappantes entre les autres par l'étrangeté de leur conception.

La première est un enfant Jésus en *culotte à la Louis XIV,* enlevé, je crois, à la cathédrale de Séville; la seconde un tableau de Theotocopuli *el Greco* peint à la façon dont sont écrits les livres de Rabelais. Ce tableau représente le pape, Charles-Quint, le doge de Venise et François Ier à la porte du séjour des bienheureux. Chacun de ces personnages sollicite l'entrée du ciel et élève des mains suppliantes vers les anges, mais l'expression de ceux-ci semble présager un refus. Il n'eût plus manqué au peintre que de nous les montrer en enfer, exerçant des professions analogues à celles qu'a osé donner à quelques hommes non moins illustres le *grand extracteur de quintessence* Rabelais, lequel, dans cette bouffonnerie sublime qui a nom PANTAGRUEL, nous fait voir Xerxès devenu *cryeur de moustarde*, Numa *cloutier*, Démosthène *vigneron*, Trajan *pescheur de grenouilles*, et le pape Jules II *cryeur de petits pastés*.

Le *saint Ferdinand* qui se trouve dans la collection Taylor n'est pas moins remarquable. C'est un souvenir historique : pendant la guerre de 1808 cette toile, que les moines plaçaient à dessein au-dessus de la porte de la cathédrale de Séville, eut mission plus d'une fois de réveiller l'amour de l'indépendance dans le cœur des Espagnols. Ce *saint Ferdinand* jouait en Espagne le rôle que jadis l'oriflamme de Saint-Denis remplissait en France : sa vue faisait naître des héros.

Mais les tableaux de la galerie espagnole ne forment pas à eux seuls toute la moisson d'œuvres d'art que M. le baron Taylor a recoltée dans la Péninsule : le musée céramique de Sèvres s'est augmenté d'un grand nombre de poteries mauresques que le voyageur a recueillies dans ses courses ; plusieurs musées de province et le jardin botanique de Montpellier ont également profité de la mission qu'il a accomplie dans l'intérêt de toutes les sciences, de tous les progrès. Nos musées vont s'enrichir des ornements de l'Alhambra, qu'il a fait mouler avec ceux des tombes royales de Ferdinand, d'Isabelle, de Jeanne-la-Folle à Grenade, et des chevaliers ensevelis au monastère d'Alcobaça. L'histoire de cette dernière maison de Dieu est trop singulière pour que je ne vous la raconte pas. Alphonse-Henrique Ier, roi de Portugal, assiégeait la ville de Santarem, vaillamment défendue par les Maures. Après deux assauts inutiles, n'espérant plus rien de la terre, il demanda comme Clovis la victoire au ciel, et promit d'élever à la gloire du nom chrétien, s'il triomphait, un couvent de l'ordre de Cîteaux, dans lequel il mettrait mille moines qui tous les jours rendraient grâce à Dieu. La ville fut prise ; et dans la mêlée Alphonse, s'adressant à un vieux chevalier encore tout couvert du sang des ennemis et de la poudre des remparts : « Va, lui dit-il, va demander au prieur de Cluny cinq religieux de son ordre qui viendront me bâtir un monastère digne de la grandeur de Dieu. » L'ambassadeur partit, mais en arrivant à Cluny il n'eut pas même le temps d'expliquer au prieur le but de son voyage : celui-ci en l'apercevant lui apprit qu'un songe l'avait prévenu du vœu formé par le roi, et que les cinq moines étaient partis. D'après la chronique légendaire, ils arrivaient à Santarem à l'heure même où le vieux chevalier s'asseyait à la table du prieur. Ces cinq moines furent enterrés dans le couvent d'Alcobaça avec Alphonse II, Alphonse III, Inès de Castro, Pierre-le-Justicier et les chevaliers morts au siége de Santarem. Quand M. le baron Taylor arriva sur cette terre sacrée le souffle révolutionnaire y mugissait : les cercueils avaient été profanés, et la poussière des guerriers et des rois, des belles et des moines gisait sur les dalles du temple comme les cendres les plus viles. Armé d'un courage au-dessus de tout éloge, M. le baron Taylor fit entendre raison à cette émeute étrangère qui grondait autour des vieux souvenirs : il rendit lui-même à la tombe ce qui appartient à la tombe, força la plèbe furieuse à recouvrir les sarcophages, et, emportant avec lui les corps des cénobites français, il prit la résolution pieuse de rendre leurs saints ossements à la terre de la patrie.

Du couvent de Santarem notre voyageur se rendit à Belem, cloître merveilleux fondé jadis par Emmanuel Ier sur le lieu même où ce prince reçut Vasco de Gama à son retour du cap des Tempêtes, et dans lequel est renfermée cette admirable Bible couverte de miniatures dont le travail à lui seul aurait suffi pour illustrer tout un règne.

Ce fut là que M. Taylor conquit un trésor non moins intéressant peut-être pour l'Europe que tous ces tableaux, que toutes ces sculptures ravis à l'indifférence de leurs possesseurs. Imaginez une littérature entière enfouie dans l'oubli des siècles et qu'on soupçonnait à peine, une littérature, fille de l'esclavage et du secret, qu'il fallut dérober à l'Inquisition pendant plusieurs siècles, et qui renferme l'histoire des Maures après leur expulsion de Grenade. Tracée en caractères arabes, cette littérature se sert cependant des pensées et des mots de la langue indigène. Quelles vives lumières la traduction de ces manuscrits ne doit-elle pas jeter sur les vaincus d'Isabelle et de Ferdinand, dont elle renferme sans doute, comme le *super flumina Babylonis* des Hébreux, les amères désolations et les poétiques regrets !

Voilà ce qu'a fait pour son pays M. le baron Taylor. Homme de goût, littérateur distingué, archéologue érudit, il a donné pour but à toute son existence l'illustration et la gloire des beaux-arts. Je ne sache pas qu'il soit pour une telle vie d'autre rémunération possible, après l'amitié du sage monarque qui, non content d'avoir fait renaître Fontainebleau, vient encore d'agrandir Versailles, si Versailles peut être agrandi, que la reconnaissance du peuple artiste en Europe... Je me trompe : il est encore une récompense digne de trente années de travaux couronnés de pareils succès ; et cette récompense, à laquelle ont droit de prétendre de nos jours tous les travaux consciencieux, toutes les ambitions loyales, moi qui ne suis qu'un pauvre et bien obscur écrivain, je n'hésite pas à la proposer à la sagesse du peuple et à la sagesse du roi. — Que la porte de l'un de nos deux sénats s'ouvre devant M. le baron Taylor, afin que l'homme qui si longtemps combattit comme un simple soldat dans les rangs de l'art aille enfin représenter ses frères d'armes dans les conseils de la nation ; afin qu'un artiste pris dans la génération nouvelle puisse défendre les nouveaux besoins et les intérêts nouveaux de ses compagnons ; afin qu'une voix chaleureuse, familiarisée depuis longtemps aux choses du burin, de la palette et du ciseau, puisse faire entendre avec quelque autorité, non plus cette parole vaillante et toute romaine d'un vieux pape : « Expulsons les barbares ! » car aujourd'hui, grâce à Dieu, il n'y a plus de barbares ; mais cet autre mot qui, à son heure, peut seul empêcher parfois, en calmant de nombreuses colères, la prise violente et par assaut de cette place tant battue en brèche qu'on

appelle *le Pouvoir* : « Ouvrez la porte aux enfants de
l'art! laissez passer les fils de l'intelligence! »

ACHILLE JUBINAL,

Membre de la Société royale des Antiquaires de France.

représentant le mariage de Charles VIII et d'Anne de Bretagne; 3° Les tapisseries du Louvre, d'après Lucas de Leyde, représentant des chasses du 16e siècle; 4° Les tapisseries de Rheims, de Sens, de la Chaise-Dieu, toutes du 15e siècle, et fort curieuses sous le rapport des armes, des costumes, des meubles, de l'architecture, du dessin et de la couleur. Il est formé des monuments de chaque localité un volume distinct de l'édition générale, et qui se vend à part.

JONGLEURS ET TROUVERES, ou Choix de saluts, épîtres, rêveries, et autres pièces inédites des 13e et 14e siècles; faisant suite aux collections publiées par MM. Barbazan, Méon, Legrand d'Aussy, Raynouard, Crapelet, Paulin-Paris, etc. 1 vol. in-8°, sur papier très-fort. Prix : 7 fr. 50 c.

MYSTERES INEDITS DU 15e SIECLE, publiés pour la première fois d'après le manuscrit de la bibliothèque Sainte-Geneviève, et précédés d'une introduction qui trace l'histoire du Théâtre moderne depuis le 1er siècle de l'ère chrétienne jusqu'au 16e siècle. 2 vol. in-8° de 30 feuilles chacun, avec deux *fac-simile* d'écriture et de portrait. Prix : 15 fr.

Sous presse, pour paraître à la fin de novembre.

RECUEIL DE CONTES, FABLIAUX, DITS, CHANSONS et autres poésies des 11e, 12e, 13e, 14e et 15e siècles en langue vulgaire, publiés pour la première fois d'après les manuscrits de la bibliothèque royale. 4 vol. in-8°. Prix : 7 fr. 50 c. le vol.

OEUVRES COMPLETES DE RUTEBEUF, trouvère contemporain de saint Louis, comprenant plus de 60 pièces inédites relatives à leur auteur, à l'Université, aux croisades, aux frères du roi, aux barons, aux chevaliers, aux ordres religieux, etc. — Cette publication, extrêmement importante pour l'histoire du 13e siècle, formera 2 vol. in-8°, de 30 feuilles d'impression chacun, sur papier des Vosges. Prix : 16 fr.; sur papier de Hollande, tiré à 20 exempl. : 50 fr.